COLEÇÃO SANTOS DA NOSSA VIDA

Nossa Senhora Desatadora dos Nós

As graças da devoção que conquistou o papa Francisco e todo o mundo

petra

Petra Editora
Rua Nova Jerusalém, 345 – Bonsucesso – 21042-235
Rio de Janeiro – RJ – Brasil
Tel.: (21) 3882-8200 – Fax: (21) 3882-8212/8313

CPI-Brasil. Catalogação na publicação
Sindicato Nacional dos Editores de Livros, RJ

N785
Nossa Senhora Desatadora dos Nós: as graças da devoção que conquistou o papa Francisco e todo o mundo. – 1. ed. – Rio de Janeiro: Petra, 2016.
il. (Santos da nossa vida)

ISBN 9788582780565

1. Religião. 2. Catolicismo. I. Título. II. Série.
16-32705 CDD: 200
CDU: 2

02/05/2016 02/05/2016

Sumário

sedmak / Depositphotos

A vida de Maria

Entre os santos, Maria é a primeira. Está acima de todos os anjos, de todas as criaturas. É ela a cheia de graça. Todos os Evangelhos a proclamam, e desde o princípio a Igreja lhe deu atenção especial.

Filha de Santa Ana e São Joaquim, Maria nasceu em Nazaré, cidadezinha montanhosa da Galileia, localizada 350 metros acima do mar Mediterrâneo. Ao crescer, a menina foi prometida a José; eles ficaram noivos e logo se casaram.

Segundo a tradição judaica, um casal deveria ter a mesma descendência, e tanto José como Maria eram da linhagem de Davi. Não se sabe exatamente a idade de Maria quando, escolhida por Deus pela sua pureza, recebeu a visita do arcanjo Gabriel, mas naquela época era comum que as meninas se casassem pouco depois dos 12 anos de idade. Os estudiosos acreditam que ela tinha entre 15 e 16 anos, e o carpinteiro José, entre trinta e quarenta.

Maria estava em casa quando o arcanjo Gabriel apareceu para ela e anunciou:

– Alegra-te, cheia de graça! O Senhor está contigo!

A jovem se espantou.

– Não tenhas medo, Maria – acalmou-a o anjo –, porque encontraste graça diante de Deus. Eis que conceberás, darás à luz um filho e lhe porás o nome de Jesus.

– Como poderá ser isso, se eu não conheço homem algum? – indagou a jovem.

– Não tenhas medo! A criança nascerá por obra do Espírito Santo, e é por isso que será chamada Filho de Deus.

– Faça-se em mim segundo a palavra de Deus – respondeu, então, Maria.

Este episódio, que conhecemos como Anunciação, mudaria a vida daquela menina para sempre. Pouco depois, Maria foi visitar sua prima Isabel, que morava em outra cidadezinha e logo teria um bebê, também concebido em condições extraordinárias: ela e Zacarias, seu esposo, eram idosos e não tinham filhos. Ele era sacerdote e, num dia em que oferecia incenso no santuário do Senhor, o arcanjo Gabriel lhe apareceu e revelou:

Vitral de Nossa Senhora acompanhada do anjo Gabriel e o Espírito Santo no episódio que ficou conhecido como Anunciação.

– Não tenhas medo, Zacarias, porque foi ouvida tua oração. Isabel, tua mulher, vai te dar um filho, a quem chamarás de João. Todos se alegrarão com o seu nascimento, porque ele será grande diante do Senhor. E converterá muitos dos israelitas para o Senhor seu Deus.

Isabel estava perto de dar à luz quando Maria chegou. Ao entrar na casa da prima, o bebê que Isabel trazia no ventre estremeceu e ela, tomada pelo Espírito Santo, exclamou:

– Bendita és tu entre as mulheres e bendito é o fruto do teu ventre! De onde me vem a honra de vir a mim a mãe do meu Senhor?

– Minha alma engrandece o Senhor e rejubila meu espírito em Deus, meu Salvador, porque olhou para a humildade de sua serva – respondeu Maria.

Pouco depois, o menino João nasceu. Maria passou três meses com a prima; quando voltou a Nazaré, sua gravidez já era aparente.

Ao vê-la, José estranhou: não desejava denunciar Maria por adultério, o que a faria ser apedrejada segundo as leis locais. Então, resolveu partir em silêncio. No entanto, um anjo lhe apareceu e disse:

– José, não temas receber Maria como tua esposa, pois o que foi concebido nela vem do Espírito Santo. O filho que vai nascer deve se chamar Jesus, porque ele salvará as pessoas de seus pecados.

Em hebraico, Jesus quer dizer Salvador.

Maria e José se casaram. Puros, mantiveram-se castos, oferecendo por completo a Deus cada momento de suas vidas. Porém, quando estava próximo do nascimento de Jesus, o imperador Augusto pediu que fosse feito um novo recenseamento na Judeia. Todas as pessoas precisavam se registrar na terra natal de suas respectivas famílias. Com isso, José e Maria tiveram de ir a Belém.

A viagem no lombo de um burro não deve ter sido fácil para Maria, que estava perto de dar à luz. Ao chegarem a Belém, não havia espaço nas hospedarias; a cidade estava lotada com as pessoas de fora que haviam ido se registrar.

SEGUNDO A TRADIÇÃO JUDAICA, UM CASAL DEVERIA TER A MESMA DESCENDÊNCIA, E TANTO JOSÉ COMO MARIA ERAM DA LINHAGEM DE DAVI

Procurando abrigo, José encontrou nos arredores da cidade uma pequena gruta usada como estábulo de animais ou abrigo de mendigos. Foi nesse local modesto que veio ao mundo o Menino Jesus.

O nascimento de Jesus foi saudado por todos os que aguardavam a chegada do Messias. Apesar de os meios de comunicação modernos não existirem na época, a notícia se espalhou rapidamente.

Ao saber que o Salvador, tão aguardado pelos judeus, havia nascido, o rei Herodes, temendo perder sua influência, mandou matar todos os meninos com menos de dois anos de idade. Então, um anjo voltou a aparecer a José e, em sonho, lhe pediu:

– Toma o menino e a mãe dele e foge para o Egito. Fica lá até que eu te avise, porque Herodes quer matar a criança.

E assim eles fizeram. Tempos depois, de volta a Nazaré, Jesus foi crescendo e começou a aprender o ofício de carpintaria com José. Aos 12 anos, foi com os pais e alguns familiares para Jerusalém a fim de participar das comemorações da Páscoa. No dia de voltar para casa, José e Maria vieram sozinhos, acreditando que o menino estivesse viajando com parentes, mais à frente. Ao chegarem a Nazaré, perceberam que o filho não estava lá. Voltando para Jerusalém, encontraram-No em um templo, conversando sobre religião com os sacerdotes, que não se cansavam de admirar a sabedoria e a inteligência do menino.

O NASCIMENTO DE JESUS FOI SAUDADO POR TODOS OS QUE AGUARDAVAM A CHEGADA DO MESSIAS

Maria ficou viúva antes que Jesus, aos trinta anos, iniciasse sua vida pública. Na época em que Ele realizou seu primeiro

Renata Sedmakova / Shutterstock

Pintura do nascimento de Jesus; catedral de Milão, Itália.

milagre, José já havia morrido, e a intercessão de Maria foi de suma importância. Jesus estava na Galileia, numa festa de casamento na cidade de Caná, acompanhado de sua mãe, quando ela O avisou que o vinho havia terminado e solicitou que Ele fizesse algo. Jesus então pediu que lhe trouxessem água e transformou-a em vinho. Eis o famoso episódio das bodas de Caná.

A mãe procurava estar perto do filho, acompanhando--O nas viagens que fazia para pregar. Em pouco tempo, Ele arrebanhou grande número de seguidores, a maioria formada de gente simples. Em Jerusalém, onde se concentrava a liderança religiosa dos judeus, Jesus expunha a hipocrisia daqueles que se colocavam como exemplo de moral e piedade. Por conta disso, líderes judaicos começaram a se sentir ameaçados e procuraram meios de matá-Lo. Após ser apresentado a Pilatos como blasfemo e agitador, Cristo foi preso e condenado a uma morte humilhante e dolorosa.

sedmak / Depositphotos

Pintura de Jesus encontrando Maria na via-crúcis, por Josef Piens; igreja de São Pedro, Gante, Bélgica.

MARIA SE MANTEVE SERENA DURANTE O FLAGELO DE JESUS, PARA NÃO AUMENTAR A DOR DE SEU FILHO AMADO

O sofrimento de Maria foi extremo. Ela devia lembrar-se a todo momento de Sua origem divina... Como o Filho de Deus poderia ser preso? Um inocente que sentia pela humanidade um amor sem igual, que pregava a caridade, a conversão do coração, a humildade... Um inocente que curara cegos, paralíticos, mancos e leprosos! Como poderia ser considerado culpado?

Maria se manteve serena durante o flagelo de Jesus, para não aumentar a dor de seu Filho amado. Ferido e sangrando, puseram-Lhe uma coroa de espinhos e O obrigaram a carregar uma pesada cruz de madeira até o monte Calvário. Com o coração partido, ela O acompanhou elevação acima; viu-O cair três vezes sob o peso da cruz e se manteve firme para ampará-Lo. No alto do Calvário, Ele foi crucificado – pregado à cruz com cravos, grossos pregos de ferro. Dizem que Nossa Senhora teria cerca de 47 anos.

Ladeado por João e Maria, Jesus disse à mãe, pouco antes de morrer: "Mulher, eis o teu filho". E, voltando-se para João, completou: "Eis aí tua mãe". Jesus entregava a mãe à proteção do discípulo amado, com quem passou a viver em sua casa, em Éfeso (atual Turquia). Ao entregá-la ao discípulo como mãe, Jesus também nos dava a Virgem como mãe nossa, a mãe de todos os cristãos.

Contam que depois de passar três anos em Éfeso, a Virgem Maria quis ir a Jerusalém, onde, acompanhada pelos apóstolos, visitou o monte das Oliveiras, o Calvário e o Santo Sepulcro. Um ano antes de morrer, voltou novamente a Jerusalém. Estava profundamente emocionada. Subindo o monte Calvário, caiu desmaiada. Os apóstolos julgavam que tivesse morrido, mas ela se ergueu e voltou para Éfeso, onde viveu mais um ano.

A passagem da Mãe Santíssima aos Céus foi suave e recebeu o nome de "dormição". Diversos santos relatam que os apóstolos foram milagrosamente transportados para a Judeia na véspera da morte de Nossa

A PASSAGEM DA MÃE SANTÍSSIMA AOS CÉUS FOI SUAVE E RECEBEU O NOME DE "DORMIÇÃO"

Senhora. Também os fiéis, quando souberam que sua Mãe querida havia morrido, foram até lá homenageá-la. Três dias depois, chegou o apóstolo Tomé, que pediu para ver o corpo da mãe de Jesus. Ao retirarem a pedra do sepulcro, o corpo da Virgem não estava lá e um delicado perfume exalava no local.

Depois de uma vida de amor, fé, humildade, aceitação da vontade de Deus e dedicação a Seu filho, aos 72 anos, a Virgem Maria teria subido ao Céu levada pelos anjos. De lá, intercede por todos os cristãos junto ao Redentor. Não há graça que não passe por suas mãos.

Renata Sedmakova / Shutterstock

Pintura da Assunção de Nossa Senhora, por Vincent Fisher; Banská Štiavnica, Eslováquia.

Treze séculos após a morte de Maria, no início de maio de 1291, a Judeia foi ocupada por muçulmanos, o que preocupou os cristãos, que temiam pela destruição da casa de Nossa Senhora em Nazaré, onde Jesus havia vivido. Tratava-se de uma casa pequenina, encravada numa gruta que possuía apenas três paredes.

Diz a tradição que, no dia 10 de maio de 1291, anjos transportaram a Casa Santa para Tersatto, na Croácia. Camponeses estupefatos encontraram o casebre perto da floresta. Documentos da época noticiaram o desaparecimento da construção em Nazaré a sua aparição em Tersatto nesse mesmo período.

A casa de Nossa Senhora tornou-se um grande centro de peregrinação. No entanto, como o local estava infestado de assaltantes que atacavam os fiéis, três anos depois os anjos atravessaram o mar Adriático e a depositaram na Itália, nos arredores de Ancona, onde ficou por nove meses. Então a transportaram para a localidade italiana de Loreto, onde se encontra até hoje. Em volta da pequenina casa, foi construída uma grande igreja – o santuário da Santa Casa de Loreto –, que acolhe fiéis do mundo todo.

Especialistas comprovaram que as paredes que estão em Loreto são iguais às que restaram da casa de Nossa Senhora em Nazaré, assim como a dimensão dos cômodos. O tipo de tijolos e de conchas usado na construção é o mesmo que era empregado nas casas palestinas da época de Jesus e de Maria. Analisando a argamassa que restou nas pedras, atestaram que é a mesma empregada na Palestina há dois mil anos. O material, além disso, jamais foi utilizado na Itália.

inguaribile / Depositphotos

Santuário da Santa Casa de Loreto; Loreto, Itália.

Nossa Senhora Desatadora dos Nós

Como afirmou o papa Paulo VI, o culto à Virgem Maria glorifica a Deus e incentiva a fé. Nossa Mãe nos acolhe com carinho e amor sempre que nos dirigimos a ela. Como nas bodas de Caná, está sempre atenta às nossas necessidades e pronta a levá-las a Cristo Jesus.

O culto à Virgem Santíssima, que já era forte desde o início do cristianismo, intensificou-se com suas diversas aparições. Algumas são famosíssimas. Em 1214, em Toulouse, França, ela apresentou a São Domingos de Gusmão o rosário como fonte para conquistar as almas a Deus. Em 1531, apareceu diversas vezes a um indígena em Guadalupe, México, dando origem à devoção de Nossa Senhora de Guadalupe, hoje padroeira da América Latina.

No rio Paraíba, em Guaratinguetá, São Paulo, dois pescadores que não apanhavam peixes acabaram por pescar uma imagem de Nossa Senhora, que desde então é chamada Aparecida. A partir daí, a pesca foi abundante. Em uma gruta de Lourdes, França, em 1858, a Virgem apareceu a uma jovem de 14 anos. Pouco antes da Revolução Russa, em 1917, Nossa Senhora conversou várias vezes com três pastorinhos em Fátima, Portugal; em 1968, em Zeitun, Egito, surgiu a mais de 500 mil pessoas. Essas são apenas algumas das inúmeras aparições de Maria que incentivam a fé das multidões e convertem corações.

Santos, padres e estudiosos pregam incessantemente a devoção à Mãe Santíssima. De fato, ela é indispensável à fé. Como afirmou São João Damasceno por volta de 730: “Ser vosso devoto, ó Virgem Santíssima, é uma arma de salvação que Deus dá àqueles que quer salvar”.

Renata Sedmakova / Shutterstock

Mosaico de Nossa Senhora de Guadalupe, por Radbod Commandeur; Jerusalém, Israel.

No ano de 202, Santo Irineu, o bispo de Lyon, França, simbolizou pela primeira vez Nossa Senhora como desatadora dos nós. Durante uma pregação, ele comentou: "O nó da desobediência de Eva foi desatado pela obediência de Maria".

"SER VOSSO DEVOTO, Ó VIRGEM SANTÍSSIMA, É UMA ARMA DE SALVAÇÃO QUE DEUS DÁ ÀQUELES QUE QUER SALVAR"

Em 1612, o nobre alemão Wolfgang Langenmante e Sofia, sua esposa, viviam mal e estavam prestes a se separar. Inconformado com a situação, Wolfgang começou a se aconselhar com o padre Jakob Rem. Num de seus encontros, levou ao sacerdote sua fita matrimonial – usada na época para atar os noivos no dia do casamento, simbolizando a indestrutível união de ambos. O padre tomou a fita e levou-a ao altar de Nossa Senhora das Neves. Enquanto desatava os nós da fita, ele rezou. A fita branca começou a brilhar e o casal passou a se entender. Dali em diante, viveram novamente em harmonia.

"O NÓ DA DESOBEDIÊNCIA DE EVA FOI DESATADO PELA OBEDIÊNCIA DE MARIA"

Inspirado nesse fato, por volta de 1700, Johann George Melchior Schmidtner pintou um quadro em que Nossa Senhora desatava os nós daquela fita matrimonial. A pintura foi colocada na igreja de São Pedro, em Augsburgo, Alemanha, onde se encontra até hoje. Seu título é "Nossa Senhora Desatadora dos Nós".

Quase três séculos depois, em 1986, o padre Jorge Mario Bergoglio – que se tornaria arcebispo de Buenos Aires e, em 2013, papa Francisco – terminava seu doutorado na Alemanha. Ao visitar a igreja de São Pedro, conheceu aquela pintura e foi impactado por ela. O forte simbolismo do quadro marcou-o profundamente. Ele tinha grande devoção por Nossa Senhora e, a partir de então, passou a voltar-se ainda mais para a Virgem sob o título de Desatadora dos Nós.

Ao regressar à Argentina, levou alguns postais do quadro e colocou um deles na Universidad del Salvador, em Buenos Aires. A equipe da universidade ficou tão impressionada

Igreja de São Pedro, ao lado da prefeitura de Augsburgo, Alemanha.

com a imagem que mandou ampliá-la para que fosse levada à igreja São José del Talar, na capital argentina. Com a fé do padre Bergoglio, o culto à santa começou a se propagar. Logo, a devoção se difundiu pelo Brasil, pela América Latina e por todo o mundo.

A devoção à Nossa Senhora Desatadora dos Nós é recente, mas bastante intensa. A cada dia aumentam os fiéis que invocam a santa para solucionar seus problemas, sobretudo os mais espinhosos.

NOSSA MÃE NÃO DEIXA UM FILHO SEM AJUDA; SUA MISERICÓRDIA E SEU CARINHO SÃO TODO-PODEROSOS

Nossa Senhora Desatadora dos Nós é invocada quando vivenciamos turbulências nos mais diversos âmbitos da vida: na *família*, nos desentendimentos entre pais e filhos, em discórdias graves, separação de casais, aborto e vontade de casar; na *saúde*, em casos de doenças, depressão, fraqueza física e cansaço mental; no *trabalho,* em momentos de tensão, estresse e desemprego; na *dependência* de drogas, álcool e jogos; para auxiliar os *estudos;* para renovar a *confiança em Deus...*

Nossa Mãe não deixa um filho sem ajuda; sua misericórdia e seu carinho são todo-poderosos. Quando estivermos perdidos em nossa caminhada e pedirmos sua intercessão, ela nos estenderá a mão. Com isso, ganhamos confiança, pois não estamos sozinhos. Ninguém menos do que a Mãe de Deus zela por nós.

A festa de Nossa Senhora Desatadora dos Nós – representada pela Imaculada Conceição – é celebrada no dia 8 de dezembro, que é dia santo de guarda para a Igreja.

Selo comemorativo dos 75 anos da coroação da imagem de Nossa Senhora Aparecida; impresso no Brasil, 1979.

Os nós de nossas vidas

Nossa Senhora Desatadora dos Nós. Que título curioso! Do que se tratam esses nós? Sabemos, pela própria história da devoção, que o nó é uma situação desesperadora, que parece não ter solução.

Ao que sofre, nada melhor do que conversar com Nossa Senhora. Abrir o coração, pedir ajuda. Os santos conheciam esse caminho. Todos abriam a alma à Virgem, oferecendo a ela os sofrimentos e pedindo que ela se encarregasse de solucioná-los. No tempo certo, isto é, no tempo de Deus, não há nó que Nossa Senhora não desate. Que mãe deixa um filho desamparado? E haverá mãe melhor do que aquela que o anjo chamou de "cheia de graça"?

Todos temos nós. Em qualquer idade, profissão, país, cidade e condição social: os problemas exteriores e interiores estão aí, alguns deles tão difíceis que parecem insolúveis. A Virgem se preocupa com todos, sejam grandes ou pequenos. Portanto, não devemos ter medo de examinar nossa consciência, nossas atitudes e nossos relacionamentos e entregar a ela o que houver ali de fraqueza e dificuldade.

A vida familiar não traz obstáculos mil? Não brigamos com esposo e esposa, irmão e irmã? Não criamos inimizades pelas razões mais mesquinhas? Nossas relações interpessoais não tornam visíveis nossas inclinações para o pecado, nosso egoísmo? Não somos maledicentes? E, ao mesmo tempo, não sofremos com as fofocas?

E a saúde? Não começa a fraquejar com o passar do tempo? Não sentimos o corpo debilitado? Não somos surpreendidos por doenças graves que acometem a nós ou àqueles que amamos? Em tempos como o nosso, quantos não sofrem de depressão, de pânico, de solidão? E as drogas? Os problemas são incontáveis, pois há ainda desemprego, violência, perseguições religiosas etc.

Quantos nós! No entanto, a Virgem não se cansa de tomar cada um deles em suas santíssimas mãos... E com que ternura não os desata!

AO QUE SOFRE, NADA MELHOR DO QUE CONVERSAR COM NOSSA SENHORA

Morphant Creation / Shutterstock

Gravura de Santo Irineu, que se referiu pela primeira vez, em 202, a Nossa Senhora como desatadora dos nós.

Devoto de Nossa Senhora Desatadora dos Nós, o papa Francisco abriu em 2013 a Jornada Mariana do Ano da Fé, na praça de São Pedro, falando da Desatadora dos Nós. Neste trecho da mensagem, ele ressalta:

"Maria nos leva sempre a Jesus. Ela é uma mulher de fé. O primeiro elemento da sua fé é este: 'A fé de Maria desata o nó do pecado'. O que significa isso? Os padres do Concílio Vaticano II retomaram a expressão de Santo Irineu: 'O nó da desobediência de Eva foi desatado pela obediência de Maria'.

"A fé de Maria desata o nó do que não foi bem-feito, das situações em que erramos e agimos mal. Por exemplo, se os pais mentem à criança, ela percebe e não confia mais neles; forma-se um pequeno nó. A relação dos pais precisa ser honesta; eles devem pedir desculpas aos filhos pela mentira a fim de que se restaure a confiança e a harmonia entre eles.

"Algo semelhante acontece no nosso relacionamento com Deus. Quando não O ouvimos e demonstramos falta de confiança Nele, forma-se uma espécie de nó dentro de nós. Esses nós tiram a paz e a serenidade e são perigosos, porque vão se somando e podem criar um emaranhado cada vez mais difícil de desatar.

Pintura de Maria com o Menino Jesus.

A VIRGEM SE PREOCUPA COM TODOS, SEJAM GRANDES OU PEQUENOS

"Mas para a misericórdia de Deus sabemos que nada é impossível. Até os nós mais intrincados são desatados com sua graça. E Maria, com a sua paciência e ternura, nos leva a Deus, para que Ele desfaça os nós com a sua piedade de Pai. Todos nós possuímos algum emaranhado e, para melhor conhecê-lo, podemos abrir o nosso coração e perguntar a ele: 'Quais são os meus nós?'

"Não pense que o seu nó não pode ser desatado; todos os nós podem ser desfeitos. Para desembaraçar o seu emaranhado e mudar, peça à Mãe Santíssima que o ajude a ter confiança na misericórdia de Deus. E ela lhe dirá: 'Vá em frente; vá até o Senhor. Ele o atenderá'.

"E com muita doçura ela nos leva pela mão até o abraço do Pai, o Pai que acolhe os seus filhos e os perdoa.

"Nós agradecemos à nossa Mãe pela sua fé de mulher forte e humilde e renovamos nossa entrega a ela, a Mãe da nossa fé. Amém."

A imagem explicada

A beleza da pintura de Johann George Melchior Schmidtner, produzida nos primórdios do século XVIII, impressiona os fiéis e os turistas que vão à igreja de São Pedro, em Augsburgo. Da escola barroca, trata-se de uma obra forte e delicada ao mesmo tempo, que revela tanto poder como doçura.

A contemplação da imagem é ainda fonte de grandes reflexões. Diante dela, podemos mergulhar em nós mesmos, descobrir aquilo de que precisamos... Em meio às dificuldades, aos problemas e às adversidades da vida, ganhamos confiança – não uma confiança qualquer, mas a confiança que uma criança tem na mãe.

O quadro de Schmidtner representa Nossa Senhora da Imaculada Conceição. Nosso olhar é atraído pela beleza e doçura da sua imagem resplandecente, pairando entre o Céu e a terra.

Nossa Senhora Desatadora dos Nós, por Johann Schmidtner, 1700; óleo sobre madeira de álamo, 182 x 110 cm.

Envolta pelo sol, Maria tem a lua a seus pés. Doze estrelas formam uma auréola em torno de sua cabeça, simbolizando os 12 apóstolos de Cristo, com os quais conviveu depois da morte do Filho. Acima dela, o Espírito Santo em forma de pomba branca a ilumina.

Por volta do século V ou IV a.C., o Cântico dos Cânticos, livro da Bíblia de origem persa ou helenista, faz referência a uma imagem semelhante à de Nossa Senhora: "Quem é esta que surge como a aurora, bela como a luz, brilhante como o sol, esplêndida como as constelações?" (Cântico dos Cânticos, 5,10).

Maria ostenta um vestido vermelho coberto por um manto azul, que representa sua glória como Rainha do Universo.

Bridgeman Images / Fotoarena

Dois anjos maiores se destacam ao lado da Virgem. À direita, um deles lhe entrega uma fita branca, cheia de nós que simbolizam as dificuldades que seus filhos têm de enfrentar para crescer em santidade.

Ele apresenta a fita à Maria com a seguinte intenção: "Confiamos na Senhora, nossa Mãe. Só a Senhora poderá nos ajudar".

Bridgeman Images / Fotoarena

A Virgem segura a fita com sua doçura e amor e se dedica a desfazer os nós da existência de seus filhos, um após o outro. A fita se torna cada vez mais lisa e mais brilhante, refletindo a luz que emana do Espírito Santo.

Outro anjo, à esquerda de Maria, recebe a fita branca desembaraçada, lisa e sem nenhum nó. Segurando-a pela ponta, o anjo revela o trabalho já realizado pela Virgem.

Bridgeman Images / Fotoarena

Bridgeman Images / Fotoarena

Aos pés de Nossa Senhora, uma serpente representa o mal. Maria pisa a serpente, descalça, demonstrando que tem o poder de imobilizar o mal e de retirá--lo de nossas vidas. A cena lembra o capítulo 12 do Apocalipse (12,1): "E foi precipitado o grande dragão, a antiga serpente, chamada o Diabo, e Satanás, que engana todo o mundo; ele foi precipitado na terra, e os seus anjos foram lançados com ele. [...] E, quando o dragão viu que fora lançado na terra, perseguiu a mulher que dera à luz o filho homem".

Bridgeman Images / Fotoarena

A parte inferior do quadro é escura, representando as sombras – a falta de luz – que dominam a terra. Nessa área, em tamanho pequeno, um homem é guiado por um anjo até o alto da montanha. O homem é Tobias, que está sendo levado pelo arcanjo Rafael até Sara, a esposa que Deus escolhera para ele. Está acompanhado pelo seu cachorro e carrega um peixe na mão. Foi Tobias quem afirmou: "Descobrimos primeiro que Deus escuta as preces daqueles que recorrem a Ele, confiantes. Depois, percebemos que Deus utiliza os anjos para resolver nossos problemas" (Tobias 3,16).

Assim como fazem com Tobias no quadro, os anjos nos ajudam e entregam nossos pedidos à Nossa Senhora Desatadora dos Nós para que recebamos a graça. Esta cena mostra que é preciso confiar em Deus quando fazemos nossos pedidos – Tobias confiou e foi atendido.

Bridgeman Images / Fotoarena

Os anjos que circundam a parte superior da obra são os escolhidos por Deus para acompanhar os homens e as mulheres na terra.

Trata-se dos anjos da guarda, os nossos protetores, que estão ao lado de Nossa Senhora para colaborar com ela na resolução de nossas dificuldades, fazendo-nos enxergar o melhor caminho a seguir para sermos pessoas boas e felizes.

Maria trabalha com Jesus para ajudar todos os seus filhos, para auxiliar a humanidade inteira. "No Céu, nós temos uma mãe. É a Mãe de Jesus, a nossa Mãe, que está ao nosso lado", recordou-nos o papa Bento XVI, evocando a fé da Igreja inteira. Olhando para a imagem de Nossa Senhora Desatadora dos Nós, nos sentimos inspirados a dizer: "Mãe Santíssima, vós que desfazeis os nós, rogai por nós!".

Papa Francisco, devoto

Vimos que, ao terminar seu doutorado na Alemanha, o então padre Bergoglio, que no futuro se tornaria arcebispo de Buenos Aires e, depois, papa Francisco, conheceu a pintura de Nossa Senhora Desatadora dos Nós e ficou estupefato, tornando-se então o responsável pela difusão desse título da Virgem pela Argentina e pela América Latina.

Ao ser escolhido papa, uma das primeiras providências que Francisco tomou foi visitar a basílica de Santa Maria Maior, em Roma, e dedicar seu papado à Nossa Senhora. Sua atitude, é claro, não surpreendeu nem um pouco quem já o conhecia e sabia de sua devoção à Desatadora dos Nós. Após ser feito cardeal de Buenos Aires, por exemplo, ele mandara gravar a imagem num cálice e dera-o de presente a Bento XVI.

Papa Francisco, devoto de Nossa Senhora Desatadora dos Nós.

Atribui-se a Francisco, antes mesmo de feito papa, uma prece em devoção à Desatadora dos Nós. É possível rezá-la em qualquer momento e diante de quaisquer dificuldades:

Santa Maria, cheia da presença de Deus, durante os dias de tua vida aceitaste com toda a humildade a vontade do Pai, o legado de teu Filho, Nosso Senhor, e a maldade nunca foi capaz de enredar-te com suas artimanhas. Intercedeste pelas nossas dificuldades e, com sensibilidade e paciência, nos deste o exemplo de como desenredar o emaranhado de nossa vida. Ao se tornar nossa Mãe para sempre, fazes mais claros os laços que nos unem a Jesus.

Santa Maria, Mãe de Deus e nossa Mãe, que com coração materno desatas os nós que entorpecem nossa vida, pedimos que recebas em tuas mãos [nome da pessoa por quem você está rezando] *e que o(a) livres das amarras e perturbações que o(a) mantêm preso(a).*

Por tua graça e intercessão, e com teu exemplo, livra-nos de todo mal, Senhora Nossa, e desata os nós que nos impedem de nos unirmos a Deus, para que, livres dos empecilhos e dos erros, encontremo-Lo em todas as coisas, coloquemos Nele nosso coração e possamos servi-Lo sempre por meio de nossos irmãos.

Mãe do Bom Conselho, roga por nós e desata os nós que nos tolhem e nos afastam de Deus. Amém.

Vista de Buenos Aires, Argentina, cidade natal de Jorge Mario Bergoglio, o papa Francisco.

Oleg Golovnev/ Shutterstock

Orações

A NOSSA SENHORA DESATADORA DOS NÓS

Santa Maria Mãe de Deus,
Virgem cheia de graça,
vós sois a nossa desatadora dos nós.
Com as vossas mãos cheias do amor de Deus,
desatais os obstáculos de nosso caminho
como nós que se desfazem e se tornam
uma fita reta do amor do Pai.

Desatai, Virgem e Mãe, santa e admirável,
todos os nós que criamos por vontade própria
e todos os nós que impedem o nosso caminho.
Lançai vossos olhos de luz sobre eles
para que todos os nós se desatem
e para que, cheios de gratidão,

possamos, por vossas mãos,
solucionar aquilo que nos parece impossível.
Amém.

VIRGEM MARIA, MÃE DO BELO AMOR

Virgem Maria, Mãe do belo amor,
Mãe que jamais deixa de vir
em socorro a um filho aflito,
Mãe cujas mãos não param nunca
de servir seus amados filhos,
pois são movidas pelo amor divino
e a imensa misericórdia
que existem em teu coração,
volta o teu olhar compassivo sobre mim
e vê o emaranhado de nós

que há em minha vida.
Tu bem conheces o meu desespero,
a minha dor e o quanto estou amarrado
por causa destes nós.
Maria, Mãe que Deus
encarregou de desatar os nós
da vida dos seus filhos,
confio hoje a fita da minha vida em tuas mãos.

Ninguém, nem mesmo o maligno,
poderá tirá-la do teu precioso amparo.
Em tuas mãos não há nó
que não possa ser desfeito.
Mãe poderosa, por tua graça
e teu poder intercessor
junto a teu Filho e meu Libertador, Jesus,
recebe hoje em tuas mãos este nó.
Peço-te que o desates para a glória de Deus,
e por todo o sempre.
Vós sois a minha esperança.

Ó Senhora minha,
sois minha única consolação dada por Deus,
a fortaleza das minhas débeis forças,
a riqueza das minhas misérias,
a liberdade, com Cristo, das minhas cadeias.
Ouve minha súplica.
Guarda-me, guia-me,
protege-me, ó seguro refúgio,
Maria, Desatadora dos Nós, roga por mim!

SÚPLICA À DESATADORA DOS NÓS

Virgem Imaculada e bendita, vós sois a dispensadora universal de todas as graças, e como tal sois a esperança de todos e a minha esperança também. Dou sempre graças ao meu Senhor que me fez conhecer-vos e compreender o meio de obter as graças e salvar-me. O meio sois vós, ó grande Mãe de Deus, porquanto sei que, principalmente pelos merecimentos de Jesus e pela vossa intercessão, me hei de salvar.

Ah! Minha Rainha!

Vós, noutro tempo, vos destes tanta pressa em visitar e santificar em vossa visita a casa de Isabel. Visitai, por quem sois, e visitai depressa a pobre casa da minha alma.

Apresentai-vos; vós sabeis, melhor do que eu, quanto ela é pobre e enferma de muitos males, de afetos desordenados, de hábitos maus e dos pecados cometidos: males pestíferos que a querem levar à morte eterna. Vós podeis curá-la de todas as enfermidades e desatar todos os nós que nela existem. Amém.

Renata Sedmakova/ Shutterstock

Novena

PRIMEIRO DIA

Ato de contrição:

Meu Deus, eu me arrependo de todo coração de Vos ter ofendido, porque Sois bom e amável. Prometo com a Vossa graça não mais pecar. Meu Jesus, misericórdia. Amém.

Rezar as três primeiras dezenas do terço.

Após enunciar a intenção da novena, fazer a reflexão a seguir:

Santa Maria, dá-me perseverança em meu amor a Deus. Que eu não recorra a Ele só nos momentos difíceis, mas aprenda também a dar graças por tudo o que Dele recebo e não chego a ver. Que eu seja generoso(a) em minha entrega.

Rezar as duas dezenas finais do terço e uma Salve-rainha.

Oração de súplica a Nossa Senhora Desatadora dos Nós:

Virgem bendita, soberana Senhora e Mãe dos pecadores, confio e recorro à tua proteção neste momento de grande aflição e angústia. Querida Mãe, toma-me sob a tua proteção e sê consolo para o meu coração pecador. Maria Desatadora dos Nós, fonte riquíssima de graças e de bondade, socorre-me. Auxilia-me nos intrincados problemas da minha vida, santa esperança e sublime conselheira das famílias. Prostrado(a) aos teus pés, venho suplicar-te, ó Virgem Imaculada, que desates os nós da minha vida que tanto me flagelam.

Refugio-me sob a tua imensa misericórdia e abrigo-me sob o teu manto, cheio(a) da mais viva confiança de que serei atendido(a) em minhas humildes súplicas. Livra-me das tentações e alcança o perdão dos meus pecados junto ao teu amado filho Jesus. Nunca me desampares, Mãe medianeira e intercessora. Amém.

Nossa Senhora Desatadora dos Nós, rogai por nós.

Nossa Senhora Desatadora dos Nós, desatai os nós de nossas vidas.

Nossa Senhora Desatadora dos Nós, atendei aos nossos pedidos.

SEGUNDO DIA

Ato de contrição:

Meu Deus, eu me arrependo de todo coração de Vos ter ofendido, porque Sois bom e amável. Prometo com a Vossa graça não mais pecar. Meu Jesus, misericórdia. Amém.

Rezar as três primeiras dezenas do terço.

Após enunciar a intenção da novena, fazer a reflexão a seguir:

Mãe generosa, ajuda-me a ser puro(a) de coração em meu amor, não somente a Deus, mas também aos meus irmãos. Que expulse do meu coração todo vestígio de egoísmo, vaidade e orgulho.

Rezar as duas dezenas finais do terço e uma Salve-rainha.

Oração de súplica a Nossa Senhora Desatadora dos Nós:

Virgem bendita, soberana Senhora e Mãe dos pecadores, confio e recorro à tua proteção neste momento de grande aflição e angústia. Querida Mãe, toma-me sob a tua proteção e sê consolo para o meu coração pecador. Maria Desatadora dos Nós, fonte riquíssima de graças e de bondade, socorre-me. Auxilia-me nos intrincados problemas da minha vida, santa esperança e sublime conselheira das famílias. Prostrado(a) aos teus pés, venho suplicar-te, ó Virgem Imaculada, que desates os nós da minha vida que tanto me flagelam.

Refugio-me sob a tua imensa misericórdia e abrigo-me sob o teu manto, cheio(a) da mais viva confiança de que serei atendido(a) em minhas humildes súplicas. Livra-me das tentações e alcança o perdão dos meus pecados junto ao teu amado filho Jesus. Nunca me desampares, Mãe medianeira e intercessora. Amém.

Nossa Senhora Desatadora dos Nós, rogai por nós.

Nossa Senhora Desatadora dos Nós, desatai os nós de nossas vidas.

Nossa Senhora Desatadora dos Nós, atendei aos nossos pedidos.

TERCEIRO DIA

Ato de contrição:

Meu Deus, eu me arrependo de todo coração de Vos ter ofendido, porque Sois bom e amável. Prometo com a Vossa graça não mais pecar. Meu Jesus, misericórdia. Amém.

Rezar as três primeiras dezenas do terço.

Após enunciar a intenção da novena, fazer a reflexão a seguir:

Maria, medianeira e nossa Mãe, ensina-me também a não valorizar os bens terrenos temporários, a seguir, através dos meus sacrifícios, as pegadas de teu Filho e a alcançar, por Ele, o Reino dos Céus.

Rezar as duas dezenas finais do terço e uma Salve-rainha.

Oração de súplica a Nossa Senhora Desatadora dos Nós:

Virgem bendita, soberana Senhora e Mãe dos pecadores, confio e recorro à tua proteção neste momento de grande aflição e angústia. Querida Mãe, toma-me sob a tua proteção e sê consolo para o meu coração pecador. Maria Desatadora dos Nós, fonte riquíssima de graças e de bondade, socorre-me. Auxilia-me nos intrincados problemas da minha vida, santa esperança e sublime conselheira das famílias. Prostrado(a) aos teus pés, venho suplicar-te, ó Virgem Imaculada, que desates os nós da minha vida que tanto me flagelam.

Refugio-me sob a tua imensa misericórdia e abrigo-me sob o teu manto, cheio(a) da mais viva confiança de que serei atendido(a) em minhas humildes súplicas. Livra-me das tentações e alcança o perdão dos meus pecados junto ao teu amado filho Jesus. Nunca me desampares, Mãe medianeira e intercessora. Amém.

Nossa Senhora Desatadora dos Nós, rogai por nós.

Nossa Senhora Desatadora dos Nós, desatai os nós de nossas vidas.

Nossa Senhora Desatadora dos Nós, atendei aos nossos pedidos.

QUARTO DIA

Ato de contrição:

Meu Deus, eu me arrependo de todo coração de Vos ter ofendido, porque Sois bom e amável. Prometo com a Vossa graça não mais pecar. Meu Jesus, misericórdia. Amém.

Rezar as três primeiras dezenas do terço.

Após enunciar a intenção da novena, fazer a reflexão a seguir:

Santa Maria, Mãe de Deus, peço inspirar-me nas minhas orações ao Pai Celestial. Que a sua Misericórdia chegue aos meus entes queridos e a todos que amo.

Rezar as duas dezenas finais do terço e uma Salve-rainha.

Oração de súplica a Nossa Senhora Desatadora dos Nós:

Virgem bendita, soberana Senhora e Mãe dos pecadores, confio e recorro à tua proteção neste momento de grande aflição e angústia. Querida Mãe, toma-me sob a tua proteção e sê consolo para o meu coração pecador. Maria Desatadora dos Nós, fonte riquíssima de graças e de bondade, socorre-me. Auxilia-me nos intrincados problemas da minha vida, santa esperança e sublime conselheira das famílias. Prostrado(a) aos teus pés, venho suplicar-te, ó Virgem Imaculada, que desates os nós da minha vida que tanto me flagelam.

Refugio-me sob a tua imensa misericórdia e abrigo-me sob o teu manto, cheio(a) da mais viva confiança de que serei atendido(a) em minhas humildes súplicas. Livra-me das tentações e alcança o perdão dos meus pecados junto ao teu amado filho Jesus. Nunca me desampares, Mãe medianeira e intercessora. Amém.

Nossa Senhora Desatadora dos Nós, rogai por nós.

Nossa Senhora Desatadora dos Nós, desatai os nós de nossas vidas.

Nossa Senhora Desatadora dos Nós, atendei aos nossos pedidos.

QUINTO DIA

Ato de contrição:

Meu Deus, eu me arrependo de todo coração de Vos ter ofendido, porque Sois bom e amável. Prometo com a Vossa graça não mais pecar. Meu Jesus, misericórdia. Amém.

Rezar as três primeiras dezenas do terço.

Após enunciar a intenção da novena, fazer a reflexão a seguir:

Santa Mãe do Senhor, ensina-me a amar as coisas simples da vida e tudo quanto me rodeia. Que eu seja como tu foste, Mãe generosa, esposa exemplar e um amor incondicional de entrega para os outros.

Rezar as duas dezenas finais do terço e uma Salve-rainha.

Oração de súplica a Nossa Senhora Desatadora dos Nós:

Virgem bendita, soberana Senhora e Mãe dos pecadores, confio e recorro à tua proteção neste momento de grande aflição e angústia. Querida Mãe, toma-me sob a tua proteção e sê consolo para o meu coração pecador. Maria Desatadora dos Nós, fonte riquíssima de graças e de bondade, socorre-me. Auxilia-me nos intrincados problemas da minha vida, santa esperança e sublime conselheira das famílias. Prostrado(a) aos teus pés, venho suplicar-te, ó Virgem Imaculada, que desates os nós da minha vida que tanto me flagelam.

Refugio-me sob a tua imensa misericórdia e abrigo-me sob o teu manto, cheio(a) da mais viva confiança de que serei atendido(a) em minhas humildes súplicas. Livra-me das tentações e alcança o perdão dos meus pecados junto ao teu amado filho Jesus. Nunca me desampares, Mãe medianeira e intercessora. Amém.

Nossa Senhora Desatadora dos Nós, rogai por nós.

Nossa Senhora Desatadora dos Nós, desatai os nós de nossas vidas.

Nossa Senhora Desatadora dos Nós, atendei aos nossos pedidos.

SEXTO DIA

Ato de contrição:

Meu Deus, eu me arrependo de todo coração de Vos ter ofendido, porque Sois bom e amável. Prometo com a Vossa graça não mais pecar. Meu Jesus, misericórdia. Amém.

Rezar as três primeiras dezenas do terço.

Após enunciar a intenção da novena, fazer a reflexão a seguir:

Maria, protetora minha, auxilia-me na solução desse emaranhado de problemas criados por mim e pelos outros. Capacita-me a amar nosso Senhor Jesus Cristo, teu Filho, acima de todas as coisas.

Rezar as duas dezenas finais do terço e uma Salve-rainha.

Oração de súplica a Nossa Senhora Desatadora dos Nós:

Virgem bendita, soberana Senhora e Mãe dos pecadores, confio e recorro à tua proteção neste momento de grande aflição e angústia. Querida Mãe, toma-me sob a tua proteção e sê consolo para o meu coração pecador. Maria Desatadora dos Nós, fonte riquíssima de graças e de bondade, socorre-me. Auxilia-me nos intrincados problemas da minha vida, santa esperança e sublime conselheira das famílias. Prostrado(a) aos teus pés, venho suplicar-te, ó Virgem Imaculada, que desates os nós da minha vida que tanto me flagelam.

Refugio-me sob a tua imensa misericórdia e abrigo-me sob o teu manto, cheio(a) da mais viva confiança de que serei atendido(a) em minhas humildes súplicas. Livra-me das tentações e alcança o perdão dos meus pecados junto ao teu amado filho Jesus. Nunca me desampares, Mãe medianeira e intercessora. Amém.

Nossa Senhora Desatadora dos Nós, rogai por nós.

Nossa Senhora Desatadora dos Nós, desatai os nós de nossas vidas.

Nossa Senhora Desatadora dos Nós, atendei aos nossos pedidos.

SÉTIMO DIA

Ato de contrição:

Meu Deus, eu me arrependo de todo coração de Vos ter ofendido, porque Sois bom e amável. Prometo com a Vossa graça não mais pecar. Meu Jesus, misericórdia. Amém.

Rezar as três primeiras dezenas do terço.

Após enunciar a intenção da novena, fazer a reflexão a seguir:

Amantíssima Virgem Maria, ensina-me a amar como tu a Jesus. Que a minha entrega a Ele e aos meus irmãos seja sempre livre, generosa e desinteressada, como foi a tua.

Rezar as duas dezenas finais do terço e uma Salve-rainha.

Oração de súplica a Nossa Senhora Desatadora dos Nós:

Virgem bendita, soberana Senhora e Mãe dos pecadores, confio e recorro à tua proteção neste momento de grande aflição e angústia. Querida Mãe, toma-me sob a tua proteção e sê consolo para o meu coração pecador. Maria Desatadora dos Nós, fonte riquíssima de graças e de bondade, socorre-me. Auxilia-me nos intrincados problemas da minha vida, santa esperança e sublime conselheira das famílias. Prostrado(a) aos teus pés, venho suplicar-te, ó Virgem Imaculada, que desates os nós da minha vida que tanto me flagelam.

Refugio-me sob a tua imensa misericórdia e abrigo-me sob o teu manto, cheio(a) da mais viva confiança de que serei atendido(a) em minhas humildes súplicas. Livra-me das tentações e alcança o perdão dos meus pecados junto ao teu amado filho Jesus. Nunca me desampares, Mãe medianeira e intercessora. Amém.

Nossa Senhora Desatadora dos Nós, rogai por nós.

Nossa Senhora Desatadora dos Nós, desatai os nós de nossas vidas.

Nossa Senhora Desatadora dos Nós, atendei aos nossos pedidos.

OITAVO DIA

Ato de contrição:

Meu Deus, eu me arrependo de todo coração de Vos ter ofendido, porque Sois bom e amável. Prometo com a Vossa graça não mais pecar. Meu Jesus, misericórdia. Amém.

Rezar as três primeiras dezenas do terço.

Após enunciar a intenção da novena, fazer a reflexão a seguir:

Maria, Desatadora dos Nós, fiel servidora dos interesses do Senhor, que o meu amor ao próximo seja uma exigência constante como prova de amor a Deus. Que eu compreenda que não é possível amar a Deus se não amar os meus irmãos.

Rezar as duas dezenas finais do terço e uma Salve-rainha.

Oração de súplica a Nossa Senhora Desatadora dos Nós:

Virgem bendita, soberana Senhora e Mãe dos pecadores, confio e recorro à tua proteção neste momento de grande aflição e angústia. Querida Mãe, toma-me sob a tua proteção e sê consolo para o meu coração pecador. Maria Desatadora dos Nós, fonte riquíssima de graças e de bondade, socorre-me. Auxilia-me nos intrincados problemas da minha vida, santa esperança e sublime conselheira das famílias. Prostrado(a) aos teus pés, venho suplicar-te, ó Virgem Imaculada, que desates os nós da minha vida que tanto me flagelam.

Refugio-me sob a tua imensa misericórdia e abrigo-me sob o teu manto, cheio(a) da mais viva confiança de que serei atendido(a) em minhas humildes súplicas. Livra-me das tentações e alcança o perdão dos meus pecados junto ao teu amado filho Jesus. Nunca me desampares, Mãe medianeira e intercessora. Amém.

Nossa Senhora Desatadora dos Nós, rogai por nós.

Nossa Senhora Desatadora dos Nós, desatai os nós de nossas vidas.

Nossa Senhora Desatadora dos Nós, atendei aos nossos pedidos.

NONO DIA

Ato de contrição:

Meu Deus, eu me arrependo de todo coração de Vos ter ofendido, porque Sois bom e amável. Prometo com a Vossa graça não mais pecar. Meu Jesus, misericórdia. Amém.

Rezar as três primeiras dezenas do terço.

Após enunciar a intenção da novena, fazer a reflexão a seguir:

Maria, minha Mãe, desata o emaranhado dos meus problemas. Guia-me em minha missão diária de ser eu também difusor(a) da palavra do Senhor. Que as minhas atitudes de cada dia possam trazer a Ele aqueles que estão distantes na fé.

Rezar as duas dezenas finais do terço e uma Salve-rainha.

Oração de súplica a Nossa Senhora Desatadora dos Nós:

Virgem bendita, soberana Senhora e Mãe dos pecadores, confio e recorro à tua proteção neste momento de grande aflição e angústia. Querida Mãe, toma-me sob a tua proteção e sê consolo para o meu coração pecador. Maria Desatadora dos Nós, fonte riquíssima de graças e de bondade, socorre-me. Auxilia-me nos intrincados problemas da minha vida, santa esperança e sublime conselheira das famílias. Prostrado(a) aos teus pés, venho suplicar-te, ó Virgem Imaculada, que desates os nós da minha vida que tanto me flagelam.

Refugio-me sob a tua imensa misericórdia e abrigo-me sob o teu manto, cheio(a) da mais viva confiança de que serei atendido(a) em minhas humildes súplicas. Livra-me das tentações e alcança o perdão dos meus pecados junto ao teu amado filho Jesus. Nunca me desampares, Mãe medianeira e intercessora. Amém.

Nossa Senhora Desatadora dos Nós, rogai por nós.

Nossa Senhora Desatadora dos Nós, desatai os nós de nossas vidas.

Nossa Senhora Desatadora dos Nós, atendei aos nossos pedidos.

Renata Sedmakova/ Shutterstock

Pintura da Imaculada Conceição, por frei Pedro de Górgona;
igreja de Santo Agostinho, Córdoba, Espanha.

Alain Lauga / Shutterstock